『地域と文化』解説・総目次・索引

不二出版

I 解説

『地域と文化』解説――回想的メモワール

高良倉吉

西平――富川コンビ

『地域と文化――沖縄をみなおすために』と名付けられたこの小雑誌は、一九八〇年八月に創刊号が出て、一六年後の一九九六年八月の時点において、休刊または終刊という言い訳もないままに、九五号の刊行をもって活動を閉じた。雑誌を刊行してきた印刷会社、株式会社南西印刷（那覇市）の経営不振が原因だった。編集委員の一人であり、また、執筆者として多くの雑文をその雑誌に投じた者として、この機会を借りて雑駁な回想的メモワールを記しておきたい。

『地域と文化』の刊行が停止したその年に、南西印刷会長の西平守栄氏がこの世を去った。私は地元の新聞に、「西平守栄さんの訃報に接して」と題する追悼文を書き、その中で次のように西平氏の功績を称えた。「印刷と出版、その事業を通じて沖縄社会に何らかの貢献を果たしたいとの志は、普通に言えばきわめて地味な事業である。だが、そのような志の存在ぬきには何事も始まらず、何事も蓄積されない。その意味で西平さんは、印刷物の持つ文化的役割を高い見地から展望できる稀有な印刷人であった」、と。

那覇市の郊外、石嶺という地区にあった南西印刷は、県内有数の印刷会社として様々な印刷物の事業に取り組んでいたが、他の会社と区別される特徴を持っていた。会社内に出版部、通称「ひるぎ社」という部門を設け、沖縄の出版文化の振興に貢献したいという強い思念を懐いて活動していたことである。その気概の体現者が経営責任者の西平守栄氏であり、この人の存在抜きに南西印刷の出版事業を語ることはできない。

本人から直接説明されたことはないが、西平氏の経歴は戦後沖縄の展開過程に深く根差していたようだ。アメリカ統治下の基地オキナワにあって、沖縄の子どもたちを日本人として教育することを目指し、沖縄教職員会の屋良朝苗会長をリーダーとする教育関係者は苦闘していた。日本本土の教科書を導入し、それに連携できる教科用図書の整備を図るべく努力した。副読本の類や「夏休みの友」などの教材関連資料の編集・印刷が不可欠とされた訳だが、西平氏がその部門を担当した人材だったようなのである。つまり、企業としての南西印刷を営んでいたが、西平氏の根底には沖縄への貢献という初心が秘められていたはずだ、と私は推測する。

もう一人の人物にも触れる必要がある。同社の社員であり、出版部＝ひるぎ社の実際の事業を仕切った富川益郎氏である。私の記憶では、富川氏は琉球大学の英文学科を卒業した後、旅行代理店などの仕事を経て、親戚筋に当たる西平氏が経営する南西印刷に勤務した。そして、西平氏の思念を後ろ盾にして出版部＝ひるぎ社を立ち上げ、通常の印刷会社には留まらない、ある意味では無謀ともいえる出版事業を推進した。富川氏は、彼が担当した事業の経緯や展開について記録を残すこともなく、二〇一五年、ひっそりとあの世に旅立った。後に述べるように、富川氏と私は深い係わりを持ったのだが、彼の霊前に線香をあげる機会も与えられぬまま、今日に及んでいる。

南西印刷の出版部＝ひるぎ社の事業は、西平――富川コンビが主導していたが、看過できないのは、同社の社員たちの奮闘だと思う。通常の印刷業務に黙々と従事しながらも、その多忙な作業に割って入ってくるかたちの出版部＝ひるぎ社の印刷物を、彼や彼女たちは懸命にこなしていた。その現場を私は何度も目にする機会があった。

アバウトな刊行体制

『地域と文化』刊行に向けて、最初の編集委員会が西平氏の自宅で開催された。西平宅は南西印刷敷地の奥側にあり、奥さんの手料理と泡盛でもてなされた。創刊号に名前を連ねている編集委員は、池宮正治（文学）・上江洲均（民俗）・我部政男（政治史）・宜保栄治郎（芸能）・仲地哲夫（歴史）の各氏と私（歴史）の六名であったが、ほぼ全員が出席し馳走に預かったと記憶している。なお、二四号からは真栄城守定氏（地域経済）が編集委員に名を連ねた。

創刊号の末尾に、池宮正治氏の名前で「発刊にあたって」という趣意が掲げられている。「難解なギルド社会の、内向きの雑誌ではなく、さりとてディレッタントの気軽な知識欲と空想でもなく、ひたすら自らの立脚する地域に目を据えて、その地域の、よってきたった歴史と豊かな文化に学び、それらを各自の関心から科学的にアプローチして、共通の認識に高めると言った、いわば地域の文化と歴史に関する『広場』と言った冊子にしたいと思う」、と池宮氏は述べている。そして、人文・社会科学に留まらず、自然科学をも含む多様な分野に開かれた雑誌にしたい、との抱負を記した。

刊行の初期段階においては、時折編集委員会が西平宅で懇親会のような形で開かれたが、やがてそのような場は持たれなくなった。必要なときは、富川氏が編集委員に個別的に相談していたのだと思う。したがって、『地域と文化』は組織的な検討を通じて編集・刊行が行われていたのではなく、編集長としての富川氏がその裁量を発揮しながら、臨機応変、自由自在に刊行を継続していた、といったほうが正確な実態であった。

『地域と文化』は季刊雑誌であり、奥付に購読料二〇〇円と明記されていたが、何人の定期購読者がいたのか、私は知らない。定価が付されていないので、原則として、県内書店の店頭に並べられ、不特定多数の読者が入手できるような雑誌でもなかった。そもそも刊行部数さえ不明であり、どの程度の部数がどのように流通していたのかも明らかではないのである。毎号刊行されると、富川氏が私の職場に一山運んできた。それを受け取り、周辺の面々や私の職場を訪れる人びとに無償で配布していた。富川氏のフットワークの範囲内で配られ、流布していたのではないか、と私は理解している。

結果から見ると、沖縄県内の図書館や博物館、資料館などにおいてこの雑誌のバックナンバーは不備だと思う。資料収集担当職員の怠慢というよりも、配布体制の不備のほうが問題だったのである。その結果、今となっては、『地域と文化』は誰もがどこでも自由に閲覧できる雑誌ではない、という現実になってしまった。私自身もバックナンバーをすべて保存しているつもりだったのだが、よくよく整理してみた結果、八五号と八六号が欠落している。

改めて考えてみれば、アバウトともいうべき体制で刊行され続けた雑誌だった。しかし、専任の編集スタッフは存在せず、通常の営業活動をこなしながら、富川氏が孤軍奮闘せざるを得ない体制下にあったのであり、当然の結果だと理解できる。

このたび、不二出版株式会社の手で復刻版が世に出ることになり、ここに初めて、『地域と文化』の全体像を、誰もが自由に手にすることができるようになったのである。

「小社の誇りある企て」

『地域と文化』の刊行が始まった一九八〇年代は、沖縄の知の分野が活況を呈した時代だった。その象徴的な出来事は、一九八三年に沖縄タイムス社が社運をかけて出版した『沖縄大百科事典』（全三巻・別巻一）であろう。沖縄に関するすべての学術分野の研究者・専門家を動員し、その時点における沖縄研究や沖縄認識の成果を体系的に整備した。私自身も歴史分野の編集委員として立項作業や執筆者の選定、原稿内容の点検を担当するとともに、多数の項目を執筆した。その事典は今もなお有用であり、私もそばに置いて、ことあるごとに活用している。

もう一つの着目すべき動きは、地域史と総称されている地方自治体の歴史編纂事業の成果であろう。日本復帰（一九七二年）後の七〇年代の県史・市町村史の一年間の刊行数は五冊前後であったが、八〇年代以後は一〇～二〇冊の水準に達している（『沖縄県における地域歴史書刊行事業の成果とその意義』、二〇〇三年、南西地域産業活性化センター）。つまり、県内各地において地域資料（古文書・史料、古写真、民俗、方言、戦争体験など）の発掘や収集が活発に行われ、その調査や分析、編集に携わる多くの人材が活発に活動を始めたのが八〇年代以降の出来事だった。

『沖縄大百科事典』の刊行および地域史の隆盛という大きなうねりに連携する形で、『地域と文化』もまた活動を始めたのである。「発刊にあたって」の中で池宮正治氏が、「地域の文化と歴史に関する『広場』」を目指したいと宣言したのは、そのような動向を念頭に置いていたからだと思う。そのことを裏書きするかのように、『地域と文化』のバックナンバーを一覧すると、地域史に係る専門家の論説や地域史情報が各号に数多く登場している。

後で触れることになるが、『地域と文化』刊行開始の二年後に「ひるぎ社」が新たな事業として取り組んだ「おきなわ文庫」シリーズの末尾に、「『おきなわ文庫』発刊に寄せて」と題する文章が掲げられている。少し長くなるが、その全文を引用したい。

> 「地方の時代」と言われて久しいが、沖縄をめぐる各界からの発言は多岐にわたり、いわゆる「沖縄学」はまさに隆盛をきわめているかのようである。
>
> しかし、内なる沖縄が急速に崩壊していくことも、また遺憾ながら認めざるを得ない。
>
> 大明をもって輔車となし、日域をもって脣歯となす。その二中間にありて湧出するところの蓬萊島なり――と豪語した先達の覇気、その行動の世界史的広がり、さらには歴史的、地理的特異さの故に幾度となく押しよせた困難な局面に、実にしたたかに処した強靭な精神、それらを回復しなければならない。
>
> 「沖縄を見直すために」――これこそ小社の栄ある事業である。

現在、実におびただしい数の沖縄関係の文献が発刊され、特に市町村史の相つぐ刊行は目を見はるものがある。しかし「県史」を始めとして発行部数が限られ、かつ専門的にすぎて一部の研究者に利用されているにすぎない。小社では、本来我々の共有財産となるべき研究の成果が一部の書架にのみあるのを憂い、各界気鋭の業績を、良心的編集のもとに、廉価で美麗に多くの人びとに提供しようと考えた。「おきなわ文庫」――この名称に示された小社の気概を諒とされたい。多くの読書子のお力添えによって、小社の誇りある企てが完遂されんことを願う。

「おきなわ文庫」シリーズ各冊の末尾に掲示されたこの文章は、富川氏が書いたものである。時代情況に関する一定の認識を述べ、歴史が内蔵するエッセンスに学ぶ必要性に言及したうえで、「沖縄を見直す」べきだと訴えている。つまり、沖縄に関する研究の成果や認識の蓄積を多くの人びとの「共有財産」とし、それを前提に学び合い、沖縄像を深化するための知的インフラを整備する役割を引き受けたい、ということである。

この趣意をふまえて言うならば、安定した編集・普及体制を欠いたものだったとはいえ、『地域と文化』刊行事業の場合もまた、沖縄を見直すための自由闊達な、多様な発言の場として提供しようとしたものだった。日常の印刷業務に追われる印刷会社のささやかな出版部門において、「小社の誇りある企て」を実践しようと図った富川氏の「気概」を感じる。この文章に関して当の富川氏は『地域と文化』一一・一二合併号（一九八二年）の末尾に、「いささか古風な『発刊の辞』をもってともかくも『おきなわ文庫』は発足しました。永い間の夢が『地域と文化』を踏み台にして実現しました。いか程のことが出来るかわかりませんが、ドンキホーテの愚直を実践したいと思います」、と述べている。

自由・自在な開かれた「広場」

『地域と文化』の刊行がスタートした頃、全体として言えば、沖縄における雑誌メディアは次第に衰退化の一途をたどっていたのだと思う。沖縄タイムス社が刊行してきた『新沖縄文学』（一九六六年創刊）や、沖縄関係雑誌としては異色の存在だった月刊誌『青い海』（一九七一年創刊）などは伸び悩んでいた。その二誌は、多様なテーマに関する特集を組み、沖縄に関する知および認識を開陳する場としての役割を果たしていた。また、沖縄研究・沖縄論の論説を積極的に掲載してきた沖縄タイムスおよび琉球新報の学芸欄・文化欄のほうは健在だったのだが、紙面の制約上、複雑な図表を伴う長文の成果は取り上げにくいという事情があった。

その一方で、沖縄研究の学術的な拡充や展開が確実に進行していた状況を反映して、大学の紀要や学会誌等に専門的な論説が掲載されることが一般化していた。沖縄研究を主たる課題とする専門家が、大学や研究機関に身を置いて、それぞれの研究成果を披露できる場が拡大していたのである。そのような状況下において、店頭に並ぶ雑誌ではなく、専門誌でもない『地域と文化』誌が、なぜ必要だったのだろうか。

その答えは明らかである。通常の月刊誌や季刊誌ではなく、また、アカデミズムの場でもなく、あえて言うならば、自由であり、形式・様式に拘束されない発表の場が必要だったのである。先に触れた池宮氏の言葉が言う、「地域の文化と歴史に関する『広場』」が必要だったのである。『新沖縄文学』や『青い海』、地元紙の学芸欄や文化欄ではなく、同時にまた、大学の紀要や学術雑誌でもない、それら以外の言葉の「広場」としての『地域と文化』が必要だった。

『地域と文化』を一覧すると、複雑な図表を駆使する長文の論文から、共同研究の成果、卒業論文や修士論文の要旨、資料紹介やエッセイ、短信、さらには中国人研究者の論文を翻訳したものなど、まさに多種多彩な文章表現が登場する。しかも、沖縄研究に関するすべての分野が参加していると同時に、沖縄島の北部（ヤンバル）や宮古・八重山、奄美など多くの地域が頻繁に登場していることが分かる。私の理解では、それらの文章の一部は富川氏の依頼原稿だが、しかし、そのほとんどは持ち込み原稿であった。書き手も多士済々であり、まさに書きたい人のために開かれた「広場」だった。だが、実際の原稿集めの苦労は相当なものだったと想像される。その象徴が、バックナンバーに頻出する合併号という処理であった。

何度も特集が組まれ、論争の場にもなっている。例えば、四〇・四一合併号（一九八七年）の西表島特集は、私が富川氏に提案して実現した誌面だった。琉球史研究の側から西表島を調査する必要があり、島に根を生やしている文化人、石垣金星氏との連携プレーがすでに形成されていた。前近代史の関心から出発したのだが、語るべき話題はいつの間にか拡大し、ついには西表島の歴史・文化をめぐる多角的なラフスケッチを描くことが必要になった。その事情を富川氏に説明したら、「載せるべき原稿は、すべて掲載しましょう」と軽いノリで言われた。その後、西表島を特集する四八号（一九八八年）と五三・五四合併号（一九八九年）が相次いで刊行された。

私が関わったもう一つの特集が、沖縄キリスト教短期大学の学生たちのレポートを集成した四二・四三合併号（一九八七年）だった。その号の解説でも書いたのだが、若い学生たちがどのように沖縄を受け止めているか、等身大の気分が良く表れているレポートだと実感した。「今の沖縄の若者たちの意識の一部を、まとめて提示したい」、と富川氏に言ったら、何の異論も挟まずに特集が実現した。

後日談になるが、この特集号を読んで感動したのが石田穣一氏（筆名・ゆたかはじめ）だった。那覇の裁判所に勤務した経験があり、当時は東京高等裁判所長官だった石田氏は、退官後は沖縄に住みたい、できれば、あの学生たちが学ぶ沖縄キリスト教短期大学で非常勤講師をしたい、と私に手紙で訴えてきた。その念願が叶って、石田氏は沖縄移住とキリ短教授という念願を果たした。

『沖縄歴史人物大事典』の頓挫とその後

『地域と文化』に連動した動きや状況についても触れておきたい。

沖縄タイムス社の『沖縄大百科事典』編集の大黒柱だったのは、東京の出版社で編集者としての経験と実績を持つ上間常道氏だった。日本復帰（一九七二年）直後に沖縄に活動の舞台を移した彼は、『沖縄大百科事典』に係る前に二つの出版事業に編集者として関与している。『沖縄資料集成』（一九七五年）と『沖縄歴史人物大事典』である。この二件の事業を企画したのは、店舗デザインや室内装飾を事業とするグリーンライフという会社であり、社長は西銘康展氏だった。『沖縄資料集成』は毎日出版文化賞を受賞したことに象徴されるように、復帰直後の時点における数少ない体系的な沖縄紹介本だった。その成功をベースに『沖縄歴史人物大事典』（全五巻・別巻一）という大型企画が登場した。

私は週二、三回程度、アフターファイブを利用してグリーンライフ社に顔を出し、上間氏の仕事を手伝っていた。編集委員会も組織されており、歴史分野の研究者・専門家たちが手分けして人物項目の選定作業を行い、執筆者も決めていた。執筆者の中には早々に執筆にとりかかる方もおり、多くの原稿が寄せられ始めていた。刊行企画をアピールするためのパンフレットも作成しており、その目玉として大城立裕氏（作家）と安良城盛昭氏（歴史学者）の対談が掲載された。対談の原稿は私が作成し、編集は上間氏が行った。実際の対談では、語りの八割は安良城氏の独壇場であり、大城氏は言葉少なに応じていた。両者の発言バランスを工夫しながら、原稿をまとめた苦労を今でも覚えている。

しかし、残念ながらグリーンライフ社は、この事業を推進できる財務状況ではなかった。『沖縄歴史人物大事典』は頓挫し、項目一覧表と早々に納入された原稿のみが残った。上間氏と私は原稿を返却する役目を担ったのだが、ほどなくして、上間氏は沖縄タイムス社に請われ、『沖縄大百科事典』という画期的な刊行事業の中核として活躍するのである（伊波普猷生誕百年記念事業における上間氏の存在感については割愛する）。

『沖縄大百科事典』は、難度の高い大事業だったために、上間氏を中心に多数の若手編集者が採用され、活動していた。その事業を通じて、結果としては、多くの編集者が鍛えられたはずである。しかしながら、期限が限られていたその刊行事業が終了することによって、若い編集者たちは活動の場を失った。

老婆心だったとは思うが、何人かの編集者たちに、例えば地元銀行の社史編纂事業や、ある故人の遺稿集の出版、ある村史の編纂事業の仕事を斡旋した。上間氏を支えた存在である渡口雅人氏については、前々から私が温めてきた企画を実現する良い機会だと捉え、次のように振る舞った。

私のほうで企画書を作成し、渡口氏を伴って県内大手の印刷会社の社長の説得を試みた。わが沖縄には無尽蔵のテーマがあります、と切り出したうえで、そのテーマを具体的に例示しながら、文庫本もしくは新書判サイズのシリーズものをあなたの会社で刊行しませんか、その事業の編集責任者にふさわしいのがこの渡口氏です、と訴えた。応対してくれた印刷会社の社長は、私に言わせれば理不尽の論理だったのだが、残念ながら承知してくれなかった（渡口氏はその後、浦添市立図書館建設準備室に職を得て活動した）。

実現できなかったその企画を、口惜しい気分を込めて、南西印刷の富川氏に説明したのである。すると、富川氏や社長の西平氏も、沖縄に関する知見を一定の規格でシリーズ化して刊行すべきだとの思いを抱いていることを知り、その思いを基盤に「おきなわ文庫」シリーズが誕生するに至るのである。

そうと決まった時、どのような規格や形式にすべきか、富川氏と何度も協議した。北海道や千葉県、神奈川県、静岡県などで刊行されている地域をテーマとする地元主導の出版物シリーズを取り寄せ、吟味した。それを参考に新書判サイズの「おきなわ文庫」とすることが決まった。

「おきなわ文庫」のスタート

富川氏に対して、私から次のような提案を行った。『沖縄歴史人物大事典』は頓挫したが、集まった原稿の中には「おきなわ文庫」シリーズで刊行するに相応しい内容と分量のものがある、執筆者に原稿を返却するのはもったいない、と。具体的には、島尻勝太郎氏の冊封使・仏教者関係、池宮正治氏の近世琉球の芸能・文学者関係、西里喜行氏の近代沖縄の寄留商人関係である。西里氏の原稿は氏が既に発表している論文を追加すると、「おきなわ文庫」の分量に十分に達するはずだ、と意見を言った。富川氏は同意してくれた。

「おきなわ文庫」の第一回配本、つまり一九八二年五月に刊行された西里喜行『近代沖縄の寄留商人』は、そのような経緯で誕生したのである。第四回・五回配本である池宮正治『近世沖縄の肖像――文学者・芸能者列伝』上・下巻（一九八二年）も、じつは『沖縄歴史人物大事典』のために書かれた原稿だった。島尻勝太郎氏の原稿については、ご子息の島尻克美氏に編集をお願いしたが、残念ながら日の目を見なかった。

『地域と文化』刊行開始から数えてわずか二年後に、隔月で、つまり年六冊のペースで新書判サイズの「おきなわ文庫」シリーズを刊行するという、沖縄の出版事業では類例のない、途方もない「小社の誇りある企て」が始まったのであった。編集責任者となった富川氏は、印刷業の営業、『地域と文化』の編集、「おきなわ文庫」の編集という三足の草鞋を履いたのである。そして、私も「おきなわ文庫」刊行のためにこき使われる運命となった。

書き手の紹介はもとより、隔月刊というペースを守るために、私自身が急遽原稿を準備しなければならないことも多かった。文字通り自転車操業的に推進された「おきなわ文庫」だったのだが、南西印刷の営業不振直後の一九九七年までに七九冊を出した。快挙と言うべきであろう。

南西印刷出版部＝ひるぎ社の「誇りある企て」はそこに留まらず、学術書の刊行にまで事業を拡げていた。

富川氏から、あなたの論文集を出さないかと持ちかけられた。すぐに同意し、雑文をかき集めて拙著『琉球王国史の課題』（一九八九年）が生まれた。琉球史研究で大きな仕事を成し遂げつつある田名真之氏の論文集はどうですかと提案したら、早速田名氏を説得し、田名真之『沖縄近世史の諸相』（一九九二年）が上梓された。私の昔の職場（沖縄県沖縄史料編集所）の先輩であり、沖縄近代史研究に尽力した西原文雄氏が他界した。彼の残した業績を是非一冊にまとめたいと富川氏に提案したら、迷うことなく承知してくれた。それが西原文雄『沖縄近代経済史の方法』（一九九一年）である。上記三冊は、いわば学術論文集シリーズとして刊行されたのである。それとは別に、私の『琉球の時代』（一九八〇年、筑摩書房）の改訂本を出す話になり、それも『新版・琉球の時代』（一九八九年）として刊行してくれた。

さらに、と言うべきだと思うが、富川氏は地域科学叢書シリーズも手がけた。沖縄の地元出版は人文系が主体であり、経済分野は極めて少ない、という事情があった。富川氏はその状況を認識した上で、真栄城守定『沖縄地域開発論』（一九八四年）、仲間勇栄『沖縄林野制度利用史研究』（一九八四年）、大城常夫『地域発展と組織化』（一九八五年）、富永斉『沖縄経済論』（一九九五年）などの専門書も刊行した。

まさしく、一九八〇〜九〇年代の沖縄出版界は、「ひるぎ社」の時代だったといえよう。

その後の「おきなわ文庫」

ある日、富川氏が笑顔で私の職場を訪ね、次のように語った。沖縄には駅前広場がなく、その一隅にある本屋のような存在もない。駅前商店街と本屋、それに相当するのは空港であり、那覇空港ターミナルビルの搭乗待合室に専用のブックスタンドを設置して、「おきなわ文庫」を販売できる見通しが立った、というのである。その企ては実現し、後日の富川氏の話によると、「おきなわ文庫」売り上げの五割程度は那覇空港の専用スタンドだったという。

隔月刊というハイスピードの「おきなわ文庫」のために、年に二回、合同出版祝賀会が開かれた。粋なパーティーであり、沖縄文化人のあいだでは評判の催しであった。そのたびに、富川氏は裏方に徹し、西平守栄氏が訥々と開会の辞を述べていた。また、「おきなわ文庫」刊行に連動して、中国福建省の研究者を招待し、研究助成金を贈るという出来事もあった。「ひるぎ社」の「誇りある企て」は、沖縄の中で未曾有のムーブメントを形成したのである。

そのような動きは、南西印刷の経営不振により終末を迎えた。富川氏の言う「誇りある企て」は終息したのだと思った。

ところが、である。彼はやがて私のところに現れて、次のように言った。「おきなわ文庫」を、せめて自分の目標であった一〇〇冊までは達成したい、そのためには「新ひるぎ社」のような体制を構築する必要があり、それに要する準備資金がどうしても不可欠だ、と。私は、こう応じた。その準備資金を、私の名前で関係者に訴え、調達したい、と。話がまとまったので、私のほうで依頼文書を作成し、富川氏が多くの関係者に送付した。訴えの趣旨を理解してくれた多くの方々が、金額の多寡にかかわらず、資金をカンパしてくれたのである。

新「おきなわ文庫」は、それ以前のものと区別するために、赤色ではなく、緑色のブック・カバーを用いた。版画家の名嘉睦稔氏にデザインをお願いした。

新しい船出の本はあなたが担うべきだと富川氏に言われたので、雑文を集めて『「沖縄」批判序説』（一九九七年）をまとめた。それ以後、新「おきなわ文庫」は一四件一五冊を追加できたが、秋坂真史『沖縄長寿学序説』（二〇〇一年）を最後に、ついに息絶えた。富川氏が目標とした一〇〇冊には僅かに届かなかった。その時点で、「おきなわ文庫」の活動は途絶えた。

二〇一一年、秋山夏樹氏から逢いたいとの連絡があった。彼女は、「おきなわ文庫」の魅力やその存在価値に深く感動したこと、是非、電子書籍の形で再デビューさせたい、と語った。私はその提案に賛同し、可能な協力は惜しまないと応じた。早速手持ちの「おきなわ文庫」バックナンバーを彼女に提供した。また、電子版「おきなわ文庫」のスタートを祝うためのパーティーを、かつての合同出版祝賀会のスタイルで開催することとなり、その催しの裏方も担当した。この会においては、「おきなわ文庫」に『レダの末裔』（一九八六年）や『アイルランド断章』（一九九四年）を書いた米須興文先生も出席し、印象的なスピーチを行ってくれた。しかし、その場にいるべきはずの富川益郎氏の姿はなかった。

私は、電子版に何人もの著者のプロフィールを追加したり、「あとがき」や解説などの原稿を書いたりして側面的に応援したが、しかし、電子版「おきなわ文庫」は一定の評判は得たものの、ビジネスとしての成功は勝ち取れなかった。

結びとして

改めて、『地域と文化』に言及して結びとしたい。

『地域と文化』を一つの「広場」にして参集した人びとは、それぞれの分野や表現世界を持つ専門家たちだった。「広場」としての『地域と文化』が店じまいし、この小雑誌をバネに拡大・展開したところの「ひるぎ社」の一連の出版ムーブメントが終息したとしても、個々の表現者たちには絶えず次のステップが存在した。したがって、「ひるぎ社」の活動が終了したとしても、沖縄をめぐる認識の深化やそれの共有作業が終わることはない。

だが、と敢えて問いたいのである。『地域と文化』とは何だったのか、と。それを語る資格があるのは、私のような当事者の側ではなく、『地域と文化』とそれに連動する各種の事業を、現代沖縄における出版文化の現象として、あくまでも冷徹に観察できる有為の人材のみである。

地元沖縄ではなく、東京の不二出版が、その機会を提供してくれた。この事業を歓迎するために、あえて回想的なメモワールを作成した次第である。

II

総目次

『地域と文化』総目次・凡例

一、人名等の一部を除いて、旧漢字、異体字はそれぞれ新漢字、正字に改めた。
また、明らかな誤植、脱字以外は原文のままとし、人名その他もあえて表記の統一をはからなかった。

一、標題は本文及び目次に拠った。＊印は編集部による補足であることを示す。

一、総目次はできるだけ詳細に記載するよう努めたが、目次、奥付、広告には触れなかった。

（編集部）

第一号　一九八〇年八月一五日

具志川間切小港松原墓之碑　上江洲　均　1
沖縄における地域史づくりの方法　仲地　哲夫　2〜5
旅妻をめぐる真相　高良　倉吉　5〜8
琉球古典音楽中興の祖　屋嘉比朝寄とその位置　池宮　正治　8〜11
糸満売りと尾類売り等について（一）　宜保榮治郎　11〜14
文化短信　力作がつきつぎと　編　集　部　14
むかしのはなし　馬車ムチャー　仲　地　15
歴代宝案、マレーシアへ　高良　倉吉　16
発刊にあたって　池宮　正治　16

第二号　一九八〇年一〇月一五日

二五年前の東村の写真　仲地　哲夫　1
近世沖縄の身売りについて　島袋　宏美　2〜8
糸満売→ウミンチュー　仲　地　4〜7
尾崎三良『沖縄県視察復命書』と『地方巡察使復命書』の刊行　我部　政男　9〜11
文化短信　玉置和夫遺稿集の出版　高良　倉吉　10
消え去りゆく南島のハヂチ文化―その緊急調査の必要性―　知花　春美　11〜14
福州訪問記　上江洲　均　14〜16

第三号　一九八〇年一二月一五日

「手形　八重山嶋江一世流刑」　上江洲敏夫　1
近世両先島における夫役制の成立　豊見山和行　2〜12
生物たちのデザイン　西平　守孝　12〜14
前任島尻与人　白川氏波平仁也恵教の系累について　仲宗根將二　14〜16
糸満売りと尾類売り等について（二）　宜保榮治郎　16〜19
平良のサカナヤー　宗根榮吉さんの話　仲宗根將二　16〜19
石垣島に於ける「浄瑠璃入形芝居」系の人形について　宇野小四郎　19〜22

第四号　一九八一年二月一五日

鹿児島琉球館の跡　高良　倉吉　1

琉球箏曲に関するコメント一・二　池宮　正治　2～5

『おもろさうし』全22巻の複刻を終えて　西平　守栄　4～6

私のやちむんメモから（一）　擂鉢と陶製卸金のことなど　宮城　篤正　5～7

しまうた研究の現状と課題　仲宗根幸市　7～9

地域と自然・文化　島袋　守成　9～10

糸満売と尾類売について（三）　宜保榮治郎　10～13

移民の妻たち　仲地　哲夫　13～14

第五号　一九八一年四月一五日

「執心鐘入」の鐘　池宮　正治　1

向象賢路線理解のための「覚え書き」―地頭抑制官僚化政策を中心として―　里井　洋一　2～10

地域史の栄ゆるとき！　安　仁　屋　7～8

泡盛に関する史料探訪（その一）　高良　倉吉　10～11

多良間島総頭帳の童名　池宮　正治　12～13

史料紹介　船頭庄吉の琉球漂流記　安仁屋政昭　14～16

『地域と文化』通巻目次（第一号～第四号）　16

第六・七合併号　一九八一年六月一五日

象嵌色差面取抱瓶　上江洲敏夫　1

泡盛のルーツ探訪記　忍頂寺晃嗣　2～5

泡盛に関する史料探訪（その二）　高良　倉吉　5～7

酒器二題　ゆしびんとからから　宮城　篤正　7～9

泡盛と黒麹菌　照屋比呂子　9～11

泡盛雑考　島袋　周仁　12～13

比嘉華山筆「琉球泡盛」のポスターについて　宮城　篤正　13～14

泡盛と琉球料理　金城須美子　14～17

幕末の泡盛事情　仲地　哲夫　17～20

沖縄県下各酒造所の銘柄　編　集　部　21～28

第八号　一九八一年一〇月一五日

久米島天后宮の聯　上江洲　均　1
和仁屋間門―その地名と渡渉の難路―　大城　盛光　2～8
紙の原料　青雁皮紙について　勝　公彦　8～11
私が感動したこと―手づくりの卒業証書―　祖内富貴子　11～12
「おもろさうし」のふし名について　秋山　紀子　12～14
泡盛に関する資料探訪（その3）　高良　倉吉　14～16

第九号　一九八一年一二月一五日

トカゲモドキ　当山　昌直　1
継承されてきた祭祀とその意味性―石川市山城のウマチーについて―　山城　正夫　2～6
組踊「執心鐘入」研究資料―中城若松物語―　池宮　正治　6～9
言葉と生活　津波古充文　7～11
明治以前の糸満漁夫　仲地　哲夫　10～13
泡盛に関する資料探訪（その4）　高良　倉吉　13～16
沖縄の音楽―特に中国音楽の影響度について―　喜名　盛昭　16

第一〇号　一九八二年二月一五日

今帰仁旧城図　高良　倉吉　1
ソテツ天国　上江洲　均　2～9
丸目カナーと神谷厚詮―「手間とー」の周辺―　宜保榮治郎　9～11
沖縄戦・戦災地図作製―戦災実態調査について―　石原　昌家　11～16
「平良市史」編さん初期構想の経過と今後の課題　仲宗根將二　16～20

第一一・一二合併号　一九八二年八月一五日

中国戯曲『和番』及び解説　喜名　盛昭　1
『おもろさうし』未詳語ノート―『おもろさう

し辞典・総索引』初版本と二版本にみる未詳
語の比較検討を通じて―
高阪薫／秋山紀子／仲村信之 2～14
沖縄市東部の遺跡について 恩河 尚 14～19
日本の開国と琉球 仲地 哲夫 19～26
新垣金造と平安座船 安仁屋政昭 27～29
文化短信 シンポジウム「蔡温とその時代―近
世琉球の諸問題―」 編集部 29～30
『地域と文化』通巻目次（第一号～第十号） 編集部 30～31
フーチバー酒のはなし 西 加津子 30～31
「おきなわ文庫」発刊に寄せて 編集部 32

第一三・一四合併号 一九八二年一二月一五日

西常央の辞令及び解説 池宮 正治 1
『おもろさうし』未詳語ノートⅡ
高阪薫／秋山紀子／仲村信之／鳥越幸一 2～20
生活史の魅力とディレッタンティズム
仲地 哲夫 20
浦添間切前田村の地割について―残された断片
資料から― 田里 修 20～27
「西玉陵」考―嘉味田家文書にふれて―
渡口 眞清 27～29
古琉球とグスク時代 高良 倉吉 29～32

第一五・一六合併号 一九八三年二月一五日

護得久朝常和歌 池宮 正治 1
『おもろさうし』未詳語ノートⅢ
高阪薫／秋山紀子／仲村信之／鳥越幸一 2～23
那覇市史（家譜資料㈢）より 渡口 眞清 22
「防衛隊員に関する資料学的研究」①
玉木 真哲 23～30
宮古の小字について（一）―里と原（畑）の呼
称― 仲宗根將二 30～32

第一七・一八合併号 一九八三年四月一五日

沖縄県農会倉庫に並べられた黒糖樽（写真及び

解説）　仲地　哲夫　1
弥生前期に比定された真栄里貝塚　高宮　廣衛　2～4
買上糖を論ず　嶺井　政行　5～27
沖縄近代史の特質と「生産力史観」の限界―嶺
井氏の所論によせて―　西里　喜行　27～39
おもろのおもしろさ　今村　大介　39～40

第一九号　一九八三年六月一五日

船頭証文　高良　倉吉　1
グスク時代＝古琉球前期論　安里　進　2～12
島に求む―南島私観―　桑原　守也　3～11
戦後資料の収集と発掘　大田　静男　12～13
八重山〝豊作祭〟報告　武藤美也子　13～20

第二〇号　一九八三年八月一五日

平良恵仁氏所蔵『日刊ニュース速報』
仲宗根將二　1
白川氏大根間家譜「原本」成立の年代
近世末期宮古における名子の増大をめぐる問　砂川　明芳　2～4
題　平良　勝保　4～10
金盛・那喜多津兄弟のこと　下地　利幸　10～11
万葉歌と方言　佐渡山正吉　11～13
狩俣・大神・久松部落に於ける虫送りの行事に
ついて　岡本　恵昭　13～14
神歌の里の小さな異変　平良　新亮　14～19
「宮古琉米文化会館」の文化活動を振り返って
砂川　幸夫　16～20
宮古文化運動の現状と課題―平良市文化協会設
立を中心に―　宮川　耕次　19～21
宮古の小字について（二）―里と原（畑）の呼
称―　仲宗根將二　21～24

第二一号　一九八三年一〇月一五日

泰山石敢当　上江洲　均　1
『おもろさうし』巻十ノ二のオモロについて
―下地良男氏の説を検討しながら―

末次　智　2〜5
「防衛隊員に関する資料学的研究」②　玉木　真哲　5〜12
沖縄戦における防衛召集について—玉木論文への反論—　大城　将保　12〜14
『おもろさうし』のふし名について—ふし名の異なる重複オモロを中心に—　秋山　紀子　14〜23

第二二二号　一九八三年一二月一五日

玉置半右衛門君紀念碑　高良　倉吉　1
米庵試墨法と程順則の墨の目利きの事　渡久地龍雲　2〜4
怪我の治療方法　金城　功　3〜7
「防衛隊員に関する資料学的研究」③　玉木　真哲　4〜10
八重山の笛　喜名　盛昭　10〜13
地頭と間切および農民との関係　仲地　哲夫　14〜16
編集部より　16

第二二三号　一九八四年二月一五日

宜湾朝保和歌　池宮　正治　1
明治中期の沖縄歴史観についての一考察（上）—『琉球教育』を中心に—　儀間　園子　2〜9
御座楽・路次楽について—中国語でなかった名称—　喜名　盛昭　2〜5
すばらしい国おきなわ　石田　穣一　9〜11
地頭得分に関する改革　渡口　眞清　11〜14
地域史研究の現状と課題　田里　修　14〜16

第二二四号　一九八四年四月一五日

仲尾次政隆の厨子甕　上江洲　均　1
明治中期の沖縄歴史観についての一考察（下）—『琉球教育』を中心に—　儀間　園子　2〜7
文明随想　又吉　栄喜　3〜7
古琉球研究の方法—自分へのメモワール—　高良　倉吉　8〜12

フィリピンレポート　移民の妻たちを訪ねて　新垣　安子　12〜14

『地域と文化』通巻目次（第六・七合併号〜第二二号）　15

編集部より　16

第二五号　一九八四年六月一五日

愛する者の死と母親のこころ（＊共同墓地の写真及び解説）　仲地　哲夫　1

戦争体験記録と戦跡問題　大城　将保　2〜4

フィリピンレポート　戦後の課題　新垣　安子　4〜7

証言にみる遺族のこころ　石原　昌家　7〜12

空襲下、壕の中でのお産　福地　曠昭　13〜15

陸軍大佐親泊朝省の自決（1）　豊川　善一　15〜17

むらの海運―大宜味村字根路銘―　安仁屋政昭　18〜24

第二六号　一九八四年八月一五日

大正十年伊波普猷の南島史講演会受講証明書（写真及び解説）　森　一義　1

阿室のキゼ―民俗誌へのフィールドデッサンとして――　高橋　一郎　2〜4

あかつち文化の時代　当田　真延　5〜6

奄美のしま唄とコンクール　小川　学夫　7〜9

奄美方言と『おもろさうし』　恵原　義盛　9〜10

解説「昇家文書」　山下　文武　11〜15

沖縄・奄美間の人身売買　仲地　哲夫　15〜16

編集部より　16

第二七号　一九八四年一〇月一五日

ソーグヮチャー（正月豚）　島袋　正敏　1

山羊の飼育と食の形態―山原・与論・沖永良部のちがい―　島袋　正敏　2〜6

山原の開発について考える　佐藤　文保　6〜8

源河川に鮎をもどそう　島福　善弘　9〜10

沖縄の気候風土と建築―山原を中心に―　木下　義宣　10〜12

やんばる共同農場から　上山　和男　13〜14

山原の木でつくる
大宜味で　真謝　剛　14
名護で　津波　良一　14〜15
「名展の会」設立の頃　山入端一博　15〜16
山北（今帰仁）の歴史—支配領域と統治形態を中心にして—　仲原　弘哲　16〜19
もうひとつの地域史—山原の字誌づくりを考える—　中村　誠司　20〜22
山原の碑をたたく（名護山原碑文の会）　中村　誠司　22〜24

第二八号　一九八四年一二月一五日
移民の旅券　新垣　安子　1
南洋移民の状況—本部町字崎本部の事例—　湧川　紀子　2〜6
ワープロの波　神谷　厚輝　4〜10
黒潮列島の「茅の目標」についての中間報告　福村　光敏　6〜11
ひるぎ社書評シリーズ①
仲間勇栄著『沖縄林野制度利用史研究』　田里　修　11〜12
奄美方言と『おもろさうし』二　恵原　義盛　13〜15
在東京琉球藩邸投書事件考—日中同祖論者の琉球処分反対論をめぐって—　西里　喜行　15〜21
伊是名玉御殿に関する覚書　高良　倉吉　21〜24

第二九・三〇合併号　一九八五年三月一五日
勢理客の土帝君　高良　倉吉　1
島の二一世紀モデル・覚書—理念としての伊是名島—　若井　康彦　2〜4
トポスとしての墓　高良　倉吉　4〜7
具志川島遺跡出土の奄美系土器　知念　勇　8〜11
『伊平屋島杣山竿入帳』について　仲間　勇栄　11〜15
明治期における山野開墾資料　田里　修　15〜18
高齢者たちのくらしと意見—伊是名村字勢理客の場合—　真栄城守定　19〜21
伊平屋島田名のテルクグチ　仲宗根幸市　22〜25
尚円王妃の厨子の意味　小島　瓔禮　25〜28

女性の労働と出稼ぎ―伊平屋島調査ノート　仲地　哲夫　28〜31
伊是名漁民の足跡を訪ねて　石原　昌家　31〜34
伊平屋・伊是名に関する覚え書き　宜保榮治郎　34〜36
正月の伊平屋島　上江洲　均　37〜40

第三一・三二合併号　一九八五年七月一五日

新城島村頭の日記　仲地　哲夫　1
神々と歴史へのロマンの旅―石川市伊波「大屋一門」の神拝み―　山城　正夫　2〜11
書と風土―干禄の書と徐葆光の科斗文字―　渡久地龍雲　11〜14
「電信屋」の歴史的考察―九州・沖縄・台湾間の海底電線敷設問題―　三木　健　14〜19
オモロにおける「対句部」「反復部」の想定について　島村　幸一　19〜33
島の移ろい―八重山鳩間島をみつめて―　森口　豁　33〜35
肥料の話　金城　功　35〜38
『地域と文化』通巻目次（第一号〜第二九・三〇合併号）　38〜40

第三三号　一九八五年一〇月一五日

犬田布の新しい碑文　上江洲　均　1
『羽地間切竿入帳』の分析―実地的検討に向けて―　中村誠司／仲原弘哲　2〜10
金石文遺品調査の意義について　渡名喜　朗　11〜14
沖縄の村遊び（一）　本部町瀬底の村踊り　宜保榮治郎　14〜18
「おもろさうし　ふし名索引」の正誤訂正　池宮　正治　18〜25
知って欲しい本土のことも　石田　穣一　25〜28

第三四号　一九八五年一二月一五日

八重山島在番仮屋の平面図　高良　倉吉　1
近世羽地間切の村と耕地―『羽地間切竿入帳』の考古学的検討―　安里　進　2〜11

沖縄全域における村落（シマ）史（誌）刊行の実態
新城　安善　11〜15
沖縄の村遊び（二）　宜野座村松田の村踊り
宜保榮治郎　15〜20

第三五・三六合併号　一九八六年二月一五日

袋中上人自賛像　池宮　正治　1
迷子になった「文書」　小川　徹　2〜3
山原の自然とその保護　日越　国昭　4〜8
琉球の〝算法とπ〟について　嶺井　政行　8〜32

第三七・三八合併号　一九八六年六月一五日

誉の家　石垣　繁　1
戦跡が問うもの―ひとりの語り部として―
糸数　慶子　2〜4
沖縄戦における全滅家族の家系とその継承―浦添市字沢岻の事例―
富永壽々子　5〜13
おもろさうしの係助詞―「す」系列と「ど」系列の係り結びについて―
大城　明美　13〜17
史料にみる沖縄の平地式墳墓　玉木　順彦　18〜21
山林真秘　周亜明、仲間勇栄訳　21〜25
中国の広西・雲南を訪ねて―少数民族問題の歴史と現状を考える―
西里　喜行　26〜35

第三九号　一九八六年一〇月一五日

『花供養』及び解説　池宮　正治　1
イエイツの宇宙観　米須　興文　2〜11
研究余滴二題
種痘とベッテルハイム／石製圧搾器と大村御殿
金城　功　11〜16
訂正お詫び　編集部　12・25
グアム島史の中のチャモロ人と沖縄人
三木　健　17〜20
「宮古のパーントゥ」ノート　大城　學　20〜25

第四〇・四一合併号　一九八七年二月一五日

カギラ崎のこと　高良　倉吉　1
西表島調査の経過　高良　倉吉　2〜3
西表の歴史の可能性―地域づくりの活動の中で歴史・文化をどう考えるか―　石垣　金星　3〜13
西表島のスラ所跡について　小野まさ子　13〜15
八重山の先史文化―西表島を中心として―　大浜　永亘　16〜24
史料紹介『未年怪我帳』にみる西表島の記事　里井　洋一　24〜27
鎖国前後の南蛮船来航と西表島―海防・石火矢台・大和在番―　真栄平房昭　28〜33
首里王府の祭祀規制策と西表―農耕儀礼との関連から―　豊見山和行　33〜37
船浮要塞に関する手記　城間　良昭　37〜42
八重山島に関する役人制度史料　高良　倉吉　42〜44

第四二・四三合併号　一九八七年四月一五日

英語セリフの沖縄芝居　高良　倉吉　1
若者のなかの沖縄意識　高良　倉吉　2〜3
沖縄キリスト教短期大学「琉球史」受講者59名レポート「わたしと『沖縄』」　4〜54

第四四号　一九八七年一〇月一五日

川内新田八幡の扁額　池宮　正治　1
琉球古代歌謡論―〈おもろ〉の発生と展開―　末次　智　2〜13
研究余滴二題
骨と水肥の話／「旧移民病」について　金城　功　13〜15
「おもろさうし精華抄」を読んで　高阪　薫　15〜16
書と風土　真珠湊碑文・辞令書のかな美　渡久地龍雲　16〜22
編集部より　22

第四五号　一九八七年一二月一五日

首里森御嶽石門の図　高良　倉吉　1

一冊のノートとの出会い―池間島の漁業と離島苦の女性労働―　加藤　久子　2～13

島の暮らしをさりげなく……　仲宗根将二　14～15

〝逃げた知事〟にインタビュー　野里　洋　15～17

移民研究における面接聞取調査の重要性―南米沖縄移民実態調査を事例に―　石川　友紀　17～19

南洋移民史研究の課題　三木　健　19～22

消えた村を復元記録する―羽地大川上流域について―　中村誠司／渡久地伸／比嘉久　22～24

編集部より　24

第四六・四七合併号　一九八八年四月一五日

生かそう道の島文化　徳島　一蔵　1

奄美近現代史の特性について―行政による奄美差別の一側面―　西村　富明　2～8

島の伝承―奄美の口承文芸より―　田畑　千秋　8～13

宮古と喜界島の平家伝説の周辺　小林　敏男　13～15

名瀬市のうわさ話〝幽霊屋敷〟　泉　和子　15～17

「奄美歴史民俗資料館」紹介　武　ひとみ　17～18

海に表われる異常　山岡　英世　18～21

「萬年暦」に思う　徳富　重成　21～25

「琉球資料」（京大蔵）の奄美関係文書について　弓削　政己　25～27

栄家文書について　山下　文武　27～31

芝のろくめの墓　上江洲　均　31～32

第四八号　一九八八年六月一五日

西表をほりおこす会とましけ文庫について　石垣　金星　1

西表をほりおこす会週報『SUNESIMA』について　里井　洋一　2

ほりおこす会巴里支部安渓遊地氏よりの便り（一九八七年十一月一三日発行・『週報』二一号所収）　3～4

西表歴史予備調査　ＰＡＲＴⅡ報告（一九八七年九月四日・第十一号所収）　西表をほりおこす会　5〜6
近世琉球の村の裁判権について―西表歴史調査講演概要―（一九八七年九月十二日・第十二号所収）　豊見山和行　6〜7
大竹ウガンの神と首里王府について―石垣金星氏の問題提起―（一九八七年十月三日・第十六号所収）　石垣　金星　7〜8
西表歴史予備調査　ＰＡＲＴⅢ報告（一九八七年十二月十八日発行・第二六号所収）　西表をほりおこす会　8
創作方言劇　米作り狂言（第二九・三十・三一号所収）　石垣　金星　9〜11
船浦の「すら所」仮実測―古見のすら所と似た立地―（一九八七年十二月二八日・第二七号所収）　里井　洋一　11
翻刻シリーズⅠ『干立老若男女平常可嗜条々』（石垣市立八重山博物館文書／第九・十号所収）　里井　洋一　12〜14
上原村はどこにあった　里井　洋一　14〜16
西表島「おない崎」についての覚書―西表島歴史調査断想―（てつわの会記念誌『しんぽしおん』第二号・一九八八年より転載）　豊見山和行　16〜17
「たから」さがし探険記　石垣金星／金城明美　18〜19
祖内部落に残る戦争遺跡　城間　良昭　20〜24
ドキュメント　祖内の海にねむれるグラマン　石垣　金星　24〜26
今までの経過―祖納上村遺跡分布調査―　前大　用裕　26〜27
西表・スネシマ発掘調査へのおさそいのラブレター　石垣　金星　27〜28

第四九号　一九八八年八月一五日

手巾考―花風をみる―　大城　學　1
八重山の芸能家大浜用能覚書　大田　静男　2〜3
村踊りの交流　大城　和喜　4〜6
三重城探訪　真久田　巧　6〜7

太鼓今昔―すがい太鼓、音取の変遷―　島袋　光史　7～8
地謡とマイク　大城　學　8～10
多良間島、スツウプナカの神歌―資料と基礎的考察―　神野　富一　10～35

第五〇号　一九八八年一〇月一五日

鄭嘉訓の画讃　池宮　正治　1
リゾート型高層マンションの立地評価　真栄城守定　2～6
アメリカ取材覚書―ペリー関係資料を訪ねて―　高良　倉吉　6～10
沖縄方言《ウチナーグチ》の散歩道（1）　池宮　正治　11～16
三線の伝播と獅子舞について　宜保榮治郎　16～17
曾野綾子の日本軍弁護論　仲地　哲夫　17～21
ある家の家譜　上江洲　均　21～24

第五一号　一九八八年一二月一五日

小禄間切立女子工業徒弟学校の写真及び解説　金城　善　1
明治期の『沖縄県統計書』の編纂と周辺統計書　仲地宗俊／福村光敏　2～15
大宜味大工雑感　金城賢勇氏『大宜味大工《うじみせーく》一代記』を読んで　金城　功　15～17
資料紹介　砂糖景気と成金　仲地　哲夫　18～20

第五二号　一九八九年二月一五日

『薩摩辞書之碑』　池宮　正治　1
人頭税石？―八重山からの問題提起―　黒島　為一　2～14
古謡「シヤガムヤー」　石垣　博孝　14～19
旗頭小記　大田　静男　19～26
史料紹介　「日記」等にみる砂糖景気のこと　金城　功　26～28

編集部より　28

第五三・五四合併号　一九八九年六月一五日

カンヌミチ—稲作と祈りの島・西表—　安渓　遊地　1〜2
シンポジウム「西表島の人と自然—昨日・今日・明日」特集　石垣　金星　2
西表島の自然・歴史・生活—西表シンポジウムに寄せて—（再録・『沖縄タイムス』一九八八年十一月十七日）　高良　倉吉　3
あこがれの巨島—シンポジウムの前の見学記—　國分　直一　3〜6
自然利用の歴史—西表をみなおすために—　安渓　遊地　6〜11
八重山の古代文化覚書—特にシナ海南域とのかかわりをめぐって—　國分　直一　12〜20
コメントとリプライ　20〜22
イリオモテヤマネコは台湾にも生息するか（再録・『八重山日報』一九八八年一一月二四日）　阪口　法明　22〜23
働くこと・動くことを考え直す—歴史から見た西表史の課題—　豊見山和行　23〜24
祖納上村鍛冶遺跡に見る西表島の生活技術—第一次発掘調査の出土遺物から—　大城　慧　24〜30
屋久島・山よ海よ川よ—西表へのメッセージ—　長井　三郎　30〜31
島びとの「やさしさ」の形成とその不屈さ、貴重さ　丸杉孝之助　31〜32
西表島のリュウキュウイノシシ—減らさずに食べることができるか—　花井　正光　32〜36
西表島における特産食品開発の可能性　照屋比呂子　36〜37
コメント／フロアからの発言　37〜42
山口大・安渓先生に物申す！（再録・『八重山毎日新聞』一九八八年一一月二六日号から）　S・K　42〜43
あなたにとって地元とは何ですか—S・Kさんに答える—（再録・『八重山毎日新聞』一九八八年一二月六日号から）　安渓　遊地　43〜44

〝シマオコシ〟十周年に思うこと　河野　忍　44～45
「わがふるさと」の記　黒島　寛松　45～47
高那村成立に関する一考察　里井　洋一　47～51
資料紹介　稲葉川―人と自然との関わり（仮題）―　石垣　金星　51～53
地域研究は誰の役に立つのか―あるいは西表安心米のおすすめ―　石垣　金星　53～56
西表島の子供たちに夢を―「西の子文庫」への協力のお願い―　那良井宇子　46
屋久島からのメッセージ　長井　三郎　54
安心はおいしい！みどりのあふれる西表島から
ヤマネコ印西表安心米のおすすめ
西表安心米生産組合　56

第五五号　一九八九年八月一五日

宝船「鄭和」の寄港　高良　倉吉　1
近世桑江村における稲作の二形態と系譜―「北谷間切桑江村竿入帳」の分析から―
安里　進　2～7
組踊の成立について―折口信夫「組踊以前」の検討―　竹内　豊　7～13
琉球の罪と罰―犯罪・紛争関係史料の紹介―（一）　豊見山和行　13～16
沖縄方言の散歩道（2）　池宮　正治　17～20

第五六号　一九八九年一〇月一五日

マラッカの宮殿　高良　倉吉　1
琉球の罪と罰（二）―犯罪・紛争関係史料の紹介―　豊見山和行　2～4
在来製糖場に関すること　金城　功　4～5
近代教育史研究のための基礎資料―『支部省年報』・『沖縄県学事年報』『沖縄県統計書（学事）』―　金城　善　6～10
教科書裁判の判決と沖縄戦記述　安仁屋政昭　10～13
沖縄方言の散歩道（3）　池宮　正治　13～20

第五七号　一九九〇年二月一五日

鹿児島県大慈寺にある琉球国僧侶の墓石（写真及び解説）　小野まさ子　1
熱田貝塚の石鍋A群とA群系土器の年代―金武氏の反論に答える―　安里　進　2～9
「公同会」をめぐる諸問題　仲地　哲夫　9～12
琉球の罪と罰（三）―犯罪・紛争関係史料の紹介―　豊見山和行　12～16
沖縄方言の散歩道（4）　池宮　正治　16～18
おきなわ文庫50号達成／編集部より　19～20

第五八・五九合併号　一九九〇年六月一五日

福建師範大学の研究者たち　高良　倉吉　1
琉球国王印信問題研究　徐　恭生　2～12
琉球国王印についての研究（徐恭生「琉球国王印信問題研究」翻訳）　上里　賢一　2～12
琉球墓調査与研究的新成果（初稿）　徐　恭生　13～24
琉球人墓調査・研究の新しい成果（初稿・翻訳）　上里　賢一　13～23
琉球の罪と罰（四）―犯罪・紛争関係史料の紹介―　豊見山和行　25～27
琉球方言の散歩道（5）　池宮　正治　27～32

第六〇号　一九九〇年八月一五日

スイジガイと琉球圏の形成　安里　嗣淳　1
古文書にみる出産と育児　玉木　順彦　2～6
浦添朝熹和歌―新しい資料から―　池宮　正治　6～10
『官報』掲載沖縄県関係資料　金城　善　10～13
消えた沖縄県鉄の遺構を求めて　金城　功　13～18
琉球方言の散歩道（6）　池宮　正治　18～20

第六一号　一九九〇年一〇月一五日

中国における琉球人墓（写真及び解説）　多和田真助　1

家譜にみる士族の結婚・離婚・再婚、出産と相続　福村　光敏　2～5
「おもろさうし」のかな美　渡久地政二　5～10
琉球の罪と罰（五）―犯罪・紛争関係史料の紹介―　豊見山和行　10～11
「火立所」の起源に関する考察　里井　洋一　11～15
琉球方言の散歩道（7）　池宮　正治　15～16

第六二号　一九九〇年一二月一五日

沖地協の研究会　金城　善　1～2
戦争記録を考える　上原　恵子　2～5
南風原町における戦災調査について　平田　守　5～9
沖地協一九九〇年度第二回研修会に参加して　宮里　実雄　9～11
獅子舞の獅子について　嘉陽　妙子　11～16
琉球の罪と罰（六）―犯罪・紛争関係史料の紹介―　豊見山和行　16～18
琉球方言の散歩道（8）　池宮　正治　18～20

第六三号　一九九一年二月一五日

復刊第1号の『宮古朝日新聞』（写真及び解説）　仲宗根將二　1
平良の城　砂川　明芳　2～4
随想　ユタと祭と生活と　平良　新亮　4～9
宮古をめぐる「海上の道」　岡本　恵昭　9～14
「ある地域から」　奥浜　恵子　14～15
神話の磁力　八重干瀬について　宮川　耕次　15～16
宮古の小字について（三）―里と原（畑）の呼称―　仲宗根將二　17～22
琉球方言の散歩道（9）　池宮　正治　23～24

第六四号　一九九一年四月一五日

福建師範大学の墓碑　高良　倉吉　1
近世末・八重山富裕百姓の動向―竹富村の二事例をもとに―　里井　洋一　2～6
いまなぜ「生活と出稼ぎ」なのか　仲地　哲夫　7～9

沖縄方言の散歩道（9）　池宮　正治　9～12

第六五号　一九九一年六月一五日

行政文書の収集と保存に向けて　中村　誠司　1
地域文書館の機能　遠藤　忠　2～8
「琉球政府文書」について　金城　功　8～11
北谷町の行政文書の整理について　比嘉　良典　11～15
沖縄における行政文書の整理・保存の現状と課題　渡口　善明　15～18
文書館運動に拍車を　大城　将保　18～19
公文書館の建設を早急に　宮城悦二郎　19～21
沖縄県各市町村における行政文書の収集・保存の現況について（沖縄県地域史協議会）　中村／恩河　21～24
ブール文庫の首里城正殿着色写真について—伊佐真一氏にご教示を乞う—　高良　倉吉　24～26
沖縄方言の散歩道（9）　池宮　正治　26～28

第六六号　一九九一年八月一五日

琉球士人の生活（『小学日本地理　補習　全』）　曾根　信一　1
おもろ理解と「御唄」「神唄」「神歌」の関係　池宮　正治　2～6
琉球の罪と罰（七）—犯罪・紛争関係史料の紹介—　豊見山和行　7～9
書と風土　高麗瓦の左文字銘文について　渡久地龍雲　9～11
戦後沖縄のことば（1）　安仁屋政昭　11～13
沖縄方言の散歩道（10）　池宮　正治　13～16
第三回地域史まつり　沖縄県地域史協議会　16

第六七号　一九九一年一〇月一五日

バレンバンの碑　高良　倉吉　1
中国小紀行—北京・瀋陽・南京・香港—　池宮　正治　2～10

研究余滴　さとうきびがらと薪　金城　功　10〜12
琉球の罪と罰（八）—犯罪・紛争関係史料の紹介—　豊見山和行　12〜16
沖縄芝居本土初公演関係新資料について　岸　秋正　16〜18
戦後沖縄のことば（2）　安仁屋政昭　18〜23
『地域と文化』バックナンバー（第五一号〜六三号）目次　23〜24

第六八号　一九九一年一二月一五日

済州島の下馬碑　池宮　正治　1
末吉安恭（麦門冬）の民俗的視点　粟国　恭子　2〜11
多良間島の「八月御願」　上原　孝三　11〜12
明治期県立中学校の本土修学旅行について　岸　秋正　12〜15
沖縄方言の散歩道（11）　池宮　正治　15〜20

第六九号　一九九二年二月一五日

登野城部落会文書綴　大田　静男　1
いま、若者の平和意識について—大学生のレポート—　石原　昌家　2〜3
無知であることの恐ろしさ　仲与根ゆかり（一年次）　3〜4
戦争は民衆全体の責任　新里　貴之（一年次）　4〜5
本土で聴いた沖縄戦　吉田　佳代（三年次）　5〜6
アジアとの溝を埋めよう！　天願　智子（一年次）　6〜8
平和はつかみ取るもの　我喜屋　亮（一年次）　8〜9
湾岸戦争のあおりで銃弾に斃れたクラスメート　新垣　尚子（二年次）　9〜11
戦後沖縄のことば（3）　安仁屋政昭　12〜16
『地域と文化』バックナンバー（第六四号〜六八号）目次　16

第七〇号　一九九二年四月一五日

組踊の写本　大城　學　1
西表炭鉱の採炭前史に関する一考案　赤松　啓介　2〜10
資料紹介　土地整理法実施延期に関する請願書　岸　秋正　10〜16
丸岡莞爾沖縄県知事の演説（速記録）　池宮　正治　16〜18
さとうきびがらと薪（追）　金城　功　19〜22
戦後沖縄のことば（4）　安仁屋政昭　22〜26
沖縄方言の散歩道（12）　池宮　正治　26〜28

第七一号　一九九二年六月一五日

楷船の寸法　高良　倉吉　1
烽火の制創設の背景　黒島　為一　2〜15
ふるさとを語る①　西表島・崎山村での暮し　川平永見述、安渓遊地・安渓貴子編　15〜21
リレー・エッセイ　わが南部、わが沖縄　儀部　景俊　21〜25
沖縄方言の散歩道（13）　池宮　正治　26〜28

第七二号　一九九二年八月一五日

『琉球女流歌謡集』世礼国男編　岸　秋正　1
近世医書「麻疹伝」と民間療法をめぐって　玉木　順彦　2〜6
丸岡莞爾関係資料について　望月　雅彦　6〜9
末吉安恭（麦門冬）と伊波普猷　粟国　恭子　10〜13
リレー・エッセイ　わが南部、わが沖縄（二）　ウィリアム・T・ランダール、儀部景俊訳　13〜16

第七三号　一九九二年一〇月一五日

「東大原隣所契約書」　仲宗根將二　1
人頭税ノート（1）私論・人頭税を考える視点　平良　勝保　2〜11
地名を歩く―大神島探訪―　佐渡山正吉　11〜15

私の見てきた祭祀とウタキ　平良　新亮　15〜21
大浦村のユーニアーグについて—アーグの解釈と紹介—　岡本　恵昭　21〜25
『天ドーム』考　宮川　耕次　25〜26
イサヤヌカニの漂流談　前泊　徳正　27〜28
宮古の美術活動—二季会のあゆみをとおして—　砂川　幸夫　28〜29
リレー・エッセイ　わが南部、わが沖縄（三）　比嘉　長徳　29〜32

第七四号　一九九二年一二月一五日

新垣筑兵衛の墓　仲地　哲夫　1
琉球の農業史の再構成のために—安里進の仮説の批判的検討—　中鉢　良護　2〜20
インド世界への思い—琉球・大交易時代のむこう側—　高良　倉吉　20〜22
リレー・エッセイ　わが南部、わが沖縄（四）　儀部　景俊　22〜24

第七五号　一九九三年二月一五日

今帰仁村中城ノロ家の遺品　仲原　弘哲　1
琉球人の墓を訪ねて—江戸上りのルートをたどる—　古塚　達朗　2〜16
新発掘「南島の歌謡に就きて　伊波普猷」とその周辺　岸　秋正　17〜20
リレー・エッセイ　わが南部、わが沖縄（五）
ウィリアム・T・ランダール、儀部景俊訳　21〜24

第七六号　一九九三年四月一五日

琉球国之図　岸　秋正　1
『「琉球・沖縄』を識ってますか？」—高校一年生対象の「琉球・沖縄史」についての基礎知識調査の分析—　新城　俊昭　2〜15
資料紹介　ボルネオ・サラワク王国行沖縄移民名簿—昭和七年・旧伊平屋村を中心とした出移民—　望月　雅彦　16〜20

リレー・エッセイ　わが南部、わが沖縄（六）　比嘉　長徳　20〜23

第七七・七八合併号　一九九三年八月一五日

新村出宛の伊波普猷の葉書　高良　倉吉　1

古琉球の水稲品種―中鉢良護氏の批判について―　安里　進　2〜19

「おもろねやかり」と「あかのおゑつき」についての種々の問題提起―『おもろさうし』の「ふし名」に基づく考察―　秋山　紀子　20〜42

土器の少ない社会　三島　格　42〜43

沖縄方言の散歩道　池宮　正治　43〜47

第七九号　一九九三年一〇月一五日

『日和見合書』（新本家本）　玉木　順彦　1

出版にみる沖縄戦後史―単行本を中心として―　大田　啓之　2〜21

史料紹介『故玉置半右衛門肖像』について　望月　雅彦　21〜22

沖縄方言の散歩道（15）　池宮　正治　23〜24

第八〇号　一九九三年一二月一五日

誰が謝名親方を召し捕ったか　仲地　哲夫　1

『台湾教育会雑誌』復刻に魅せられて　渡口　善明　2〜12

のこされた人の心に―四十八年目の墓参―　石川　朋子　12〜18

沖縄法制史再版本について　岸　秋正　19〜21

新聞に見る難解な姓名の統一の過程　金城　功　21〜23

沖縄方言の散歩道（16）　池宮　正治　23〜24

第八一号　一九九四年二月一五日

「忠魂碑」と戦争遺跡　仲宗根將二　1

「野原嶽の変」の歴史的意義　平良　勝保　2〜10

屋号・地名を尋ねて―平良市北部―

暮らしと祈り　佐渡山正吉　10～15
「塩」に関する覚書1　奥濱　幸子　15～17
宮古の図書館関係新聞記事検索―一九八八年
（昭和六三）～一九九二年（平成四）の『沖縄
タイムス』『琉球新報』より―　仲宗根將二　18～19
新里　瞳　20～30
消えた村人―西原分村にまつわる伝承から―
上原　孝三　30～32

第八二号　一九九四年四月一五日

日露戦争と波照間島　仲地　哲夫　1
琉球人像の保存と確認―東恩納寛惇先生が六〇
年前に発見したタイの琉球人像について―
野々村孝男　2～11
折口信夫の〈沖縄〉と宮城真治（上）
中鉢　良護　11～23
伊波普猷の富士登山について　岸　秋正　23～25
沖縄方言の散歩道（17）　池宮　正治　26～32

第八三号　一九九四年六月一五日

長参謀長の陣中書簡　大城　将保　1
折口信夫の〈沖縄〉と宮城真治（下）
中鉢　良護　2～12
宮城真治と新おもろ学派―名護博物館蔵・宮城
真治草稿から―
末次　智　12～17
史料紹介　「琉球中山王来朝」図とその周辺
岸　秋正　17～19
民謡囃子雑考―ロマンを秘める囃子の世界―
仲宗根幸市　20～23
沖縄方言の散歩道（18）　池宮　正治　24～28

第八四号　一九九四年八月一五日

郭汝霖の五言絶句―鼓山の摩崖石刻―
田名　真之　1
トゥバリャーマ大会　大田　静男　2～6
史料紹介　皇道産業焼津践団と沖縄漁民―戦時

下の水産業者の南進と沖縄漁民―　望月　雅彦　6〜11
「リィウキィウ」魚について　野々村孝男　11〜14
旧沖縄県鉄道の跡を歩く①　金城　功　14〜16
沖縄方言の散歩道（19）　池宮　正治　16〜20

第八五・八六合併号　一九九四年一二月一五日

霊気漂う《しじだかさる》わが島《わしたしま》、沖縄とアイルランド　米須　興文　1
琉球アイルランド友好協会・前史　高良　勉　2〜5
アイルランド雑感　粟国　恭子　6〜11
アイルランドの風に吹かれて―チーフタンズ同行記―　新城　知子　11〜18
私の中のアイルランド　村吉　政松　18〜24
アイリッシュ・フォークの最高峰―ザ・チーフタンズの沖縄公演を聴いて　米須　興文　24〜26
アイルランド研究者紹介／アイルランド史略年表　26〜32

第八七号　一九九五年二月一五日

（＊「勤書　浦渡氏支流塩川村杣山筆者　砂川仁也」と水納御嶽遺跡）　佐渡山春好　1
宮古島の「ミジィヌムアブ」（ドリーネ）と地下水　仲間　勇栄　2〜17
旧沖縄県鉄道の跡を歩く②　金城　功　18〜19
沖縄方言の散歩道（20）　池宮　正治　20〜24

第八八号　一九九五年六月一五日

徴兵令の実施と人頭税　仲地　哲夫　1
宝口樋川と「宝樋」碑復元について　古塚　達朗　2〜5
宝樋碑文の書法について―王羲之「蘭亭序」との比較―　渡久地龍雲　6〜10
卒論紹介シリーズ①　『椿説弓張月』と琉球王朝史との関わり―江戸時代の為朝伝説を中心に―　辻　富郎　11〜16

旧沖縄県鉄道の跡を歩く③　金城　功　17〜18
沖縄方言の散歩道（21）　池宮　正治　18〜20

第八九・九〇合併号　一九九五年八月一五日

パタニ川の風景　高良　倉吉　1
沖縄の目から見たヤマトの民俗　上江洲　均　2〜5
旧沖縄県鉄道の跡を歩く④　金城　功　5〜7
リレー・エッセイ　わが南部、わが沖縄（七）　W・T・ランドール、儀部景俊訳　7〜9
資料紹介　喜舎場兼美日記（1）　大田　静男　9〜40

第九一・九二合併号　一九九六年二月一五日

師範学徒が残した日記　仲地　哲夫　1
南方熊楠と末吉安恭（麦冬門）の交流―『球陽』をめぐって―　粟国　恭子　2〜6
沖縄本島における戦後芸術文化活動の基礎的研究―沖縄諮詢会時代を中心に―　大嶺　可代　7〜9
シンガポールのクライド・ストリート―戦前シンガポールを中心とした沖縄漁民の展開―　望月　雅彦　9〜13
旧沖縄県鉄道の跡を歩く⑤　金城　功　13〜15
リレー・エッセイ　わが南部、わが沖縄（八）　儀部　景俊　15〜19
資料紹介　喜舎場兼美日記（2）　大田　静男　19〜28

第九三号　一九九六年四月一五日

法条　池宮　正治　1
卒論紹介シリーズ②　沖縄県「特別」町村制における町村長任命について　高江洲昌哉　2〜7
オモロのふし名の出所位置について　玉城　伸子　7〜9
「押す風」の真意　池宮　正治　9〜12
「琉球の風」覚書①―今、特に明記したいこと―　高良　倉吉　12〜13
沖縄が選ぶ道―「国際都市形成整備構想」への提言―　渡口　善明　13〜16
リレー・エッセイ　わが南部、わが沖縄（九）

南部白人女性像―プランテーション騎士道の
不滅の理想―
ウイリアム T ランドール、儀部景俊 16～20
旧沖縄県鉄道の跡を歩く⑥ 金城 功 20～22

第九四号 一九九六年六月一五日

登野城国民学校軍慰問学芸会番組 大田 静男 1
弘化期の琉球外艦事件をめぐる薩摩藩の動向について 外間 政明 2～9
卒論紹介シリーズ③ 日清戦争以前における沖縄の国防体制の特質 福岡 且洋 9～14
「琉球の風」覚書②―今、特に明記したいこと― 高良 倉吉 14～16
佐藤一斎と鄭元偉―桂菴禅師碑銘をめぐって― 渡久地龍雲 16～20
リレー・エッセイ わが南部、わが沖縄（十）
日米大学紛争三景 比嘉 長徳 20～23
旧沖縄県鉄道の跡を歩く⑦ 金城 功 23～24

第九五号 一九九六年八月一五日

再び「久米島天后宮の聯」 上江洲 均 1
卒論紹介シリーズ④ 沖縄の宗教構造 藤江 淑惠 2～7
石川県民謡〝琉球〟について―山間僻地の白峰村に伝承― 金城 文規 8～10
「琉球の風」覚書③―今、特に明記したいこと― 高良 倉吉 10～13
リレー・エッセイ わが南部、わが沖縄（十一）
黒人霊歌を読む 儀部 景俊 13～18
旧沖縄県鉄道の跡を歩く⑧ 金城 功 18～20

Ⅲ　索引

『地域と文化』執筆者索引・凡例

一、本索引は、配列を五十音順とし、外国人名も姓を基準とした。

一、異体字は正字に、旧漢字は一部を除き新字に、それぞれあらためた。また、明らかな誤植は訂正した。

一、表記は、号数－頁数の順とした。

一、〔　〕内は編集部による補足であることを示す。

（編集部）

『地域と文化』
執筆者索引

《あ》

赤松啓介　70-2

秋山紀子　8-12, 11・12-2, 13・14-2, 15・16-2, 21-14, 77・78-20

粟国恭子　68-2, 72-10, 85・86-6, 91・92-2

安里　進　19-2, 34-2, 55-2, 57-2, 77・78-2

安里嗣淳　60-1

安仁屋政昭（安仁屋）　5-7, 5-14, 11・12-27, 25-18, 56-10, 66-11, 67-18, 69-12, 70-22

新垣尚子　69-9

新垣安子　24-12, 25-4, 28-1

安渓貴子　71-15

安渓遊地　48-3, 53・54-1, 53・54-6, 53・54-43, 71-15

池宮正治　1-8, 1-16, 4-2, 5-1, 5-12, 9-6, 13・14-1, 15・16-1, 23-1, 33-18, 35・36-1, 39-1, 44-1, 50-1, 50-11, 52-1, 55-17, 56-13, 57-16, 58・59-27, 60-6, 60-18, 61-15, 62-18, 63-23, 64-9, 65-26, 66-2, 66-13, 67-2, 68-1, 68-15, 70-16, 70-26, 71-26, 77・78-43, 79-23, 80-23, 82-26, 83-24, 84-16, 87-20, 88-18, 93-1, 93-9

石垣金星　40・41-3, 48-1, 48-7, 48-9, 48-18, 48-24, 48-27, 53・54-2, 53・54-51, 53・54-53

石垣　繁　37・38-1

石垣博孝　52-14

石川朋子　80-12

石川友紀　45-17

石田穣一〔ゆたか はじめ〕　23-9, 33-25

石原昌家　10-11, 25-7, 29・30-31, 69-2

泉　和子　46・47-15

糸数慶子　37・38-2

今村大介　17・18-39

西表安心米生産組合　53・54-56

西表をほりおこす会　48-5, 48-8

上里賢一　58・59-2, 58・59-13

上江洲敏夫　3-1, 6・7-1

上江洲均　1-1, 2-14, 8-1, 10-2, 21-1, 24-1, 29・30-37, 33-1, 46・47-31, 50-21, 89・90-2, 95-1

上原恵子　62-2

上原孝三　68-11, 81-30

上山和男　27-13

宇野小四郎　3-19

Ｓ・Ｋ　53・54-42

恵原義盛　26-9, 28-13

遠藤　忠　65-2

大城明美　37・38-13

大城和喜　49-4

大城　慧　53・54-24

大城盛光 8-2
大城将保 21-12, 25-2, 65-18, 83-1
大城　學 39-20, 49-1, 49-8, 70-1
大田静男 19-12, 49-2, 52-19, 69-1, 84-2, 89·90-9, 91·92-19, 94-1
大田啓之 79-2
大浜永亘 40·41-16
大嶺可代 91·92-7
岡本恵昭 20-13, 63-9, 73-21
小川　徹 35·36-2
小川学夫 26-7
沖縄県地域史協議会 66-16
奥浜恵子 63-14
奥濱幸子 81-15
小野まさ子 40·41-13, 57-1
恩河　尚(恩河) 11·12-14, 65-21

《か》

我喜屋亮 69-8
勝　公彦 8-8
加藤久子 45-2
川平永見 71-15
我部政男 2-9
神谷厚輝 28-4
嘉陽妙子 62-11
神野富一 49-10
岸　秋正 67-16, 68-12, 70-10, 72-1, 75-17, 76-1, 80-19, 82-23, 83-17
喜名盛昭 9-16, 11·12-1, 22-10, 23-2
木下義宣 27-10
儀部景俊 71-21, 72-13, 74-22, 75-21, 89·90-7, 91·92-15, 93-16, 95-13
宜保榮治郎 1-11, 3-16, 4-10, 10-9, 29·30-34, 33-14, 34-15, 50-16
儀間園子 23-2, 24-2
金城明美 48-18
金城　功 22-3, 31·32-35, 39-11, 44-13, 51-15, 52-26, 56-4, 60-13, 65-8, 67-10, 70-19, 80-21, 84-14, 87-18, 88-17, 89·90-5, 91·92-13, 93-20, 94-23, 95-18
金城須美子 6·7-14
金城文規 95-8
金城　善 51-1, 56-6, 60-10, 62-1
黒島為一 52-2, 71-2
黒島寛松 53·54-45
桑原守也 19-3
河野　忍 53·54-44
國分直一 53·54-3, 53·54-12
小島瓔禮 29·30-25
小林敏男 46·47-13
米須興文 39-2, 85·86-1, 85·86-24

《さ》

阪口法明 53·54-22
里井洋一 5-2, 40·41-24, 48-2, 48-11, 48-12, 48-14, 53·54-47, 61-11, 64-2
佐藤文保 27-6
佐渡山春好 87-1
佐渡山正吉 20-11, 73-11, 81-10
島福善弘 27-9
島袋周仁 6·7-12
島袋宏美 2-2
島袋正敏 27-1, 27-2
島袋光史 49-7

島袋守成　4-9
島村幸一　31･32-19
下地利幸　20-10
周 亜 明　37･38-21
徐 恭 生　58･59-2, 58･59-13
城間良昭　40･41-37, 48-20
新里貴之　69-4
新里　瞳　81-20
新城俊昭　76-2
新城知子　85･86-11
新城安善　34-11
末次　智　21-2, 44-2, 83-12
砂川明芳　20-2, 63-2
砂川幸夫　20-16, 73-28
祖内富貴子　8-11
曾根信一　66-1

《た》

平良勝保　20-4, 73-2, 81-2
平良新亮　20-14, 63-4, 73-15
高江洲昌哉　93-2
高阪　薫　11･12-2, 13･14-2, 15･16-2, 44-15
高橋一郎　26-2
高宮廣衛　17･18-2
高良倉吉　1-5, 1-16, 2-10, 4-1, 5-10, 6･7-5, 8-14, 9-13, 10-1, 13･14-29, 19-1, 22-1, 24-8, 28-21, 29･30-1, 29･30-4, 34-1, 40･41-1, 40･41-2, 40･41-42, 42･43-1, 42･43-2, 45-1, 50-6, 53･54-3, 55-1, 56-1, 58･59-1, 64-1, 65-24, 67-1, 71-1, 74-20, 77･78-1, 89･90-1, 93-12, 94-14, 95-10
高良　勉　85･86-2
武ひとみ　46･47-17
竹内　豊　55-7
田里　修　13･14-20, 23-14, 28-11, 29･30-15
田名真之　84-1
田畑千秋　46･47-8
玉木順彦　37･38-18, 60-2, 72-2, 79-1
玉城伸子　93-7
玉木真哲　15･16-23, 21-5, 22-4
多和田真助　61-1
知念　勇　29･30-8
知花春美　2-11
中鉢良護　74-2, 82-11, 83-2
辻　富郎　88-11
津波良一　27-14
津波古充文　9-7
照屋比呂子　6･7-9, 53･54-36
天願智子　69-6
当田真延　26-5
当山昌直　9-1
徳島一蔵　46･47-1
渡久地伸　45-22
渡久地政二　61-5
渡口眞清　13･14-27, 15･16-22, 23-11
渡口善明　65-15, 80-2, 93-13
渡久地龍雲　22-2, 31･32-11, 44-16, 66-9, 88-6, 94-16
徳富重成　46･47-21
渡名喜朗　33-11
富永壽々子　37･38-5
豊見山和行　3-2, 40･41-33, 48-6, 48-16, 53･54-23, 55-13, 56-2, 57-12,

58·59-25, 61-10, 62-16, 66-7, 67-12

豊川善一　25-15

鳥越幸一　13·14-2, 15·16-2

《な》

長井三郎　53·54-30, 53·54-54

仲宗根幸市　4-7, 29·30-22, 83-20

仲宗根將二　3-14, 3-16, 10-16, 15·16-30, 20-1, 20-21, 45-14, 63-1, 63-17, 73-1, 81-1, 81-18

仲地哲夫（仲地）　1-2, 1-15, 2-1, 2-4, 4-13, 6·7-17, 9-10, 11·12-19, 13·14-20, 17·18-1, 22-14, 25-1, 26-15, 29·30-28, 31·32-1, 50-17, 51-18, 57-9, 64-7, 74-1, 80-1, 82-1, 88-1, 91·92-1

仲地宗俊　51-2

仲原弘哲　27-16, 33-2, 75-1

仲間勇栄　29·30-11, 37·38-21, 87-2

中村誠司（中村）　27-20, 27-22, 33-2, 45-22, 65-1, 65-21

仲村信之　11·12-2, 13·14-2, 15·16-2

仲与根ゆかり　69-3

那良井宇子　53·54-46

西加津子　11·12-30

西里喜行　17·18-27, 28-15, 37·38-26

西平守栄　4-4

西平守孝　3-12

西村富明　46·47-2

忍頂寺晃嗣　6·7-2

野里　洋　45-15

野々村孝男　82-2, 84-11

《は》

花井正光　53·54-32

比嘉長徳　73-29, 76-20, 94-20

比嘉　久　45-22

比嘉良典　65-11

日越国昭　35·36-4

平田　守　62-5

福岡且洋　94-9

福地曠昭　25-13

福村光敏　28-6, 51-2, 61-2

藤江淑惠　95-2

古塚達朗　75-2, 88-2

編 集 部　1-14, 6·7-21, 11·12-29, 11·12-30, 11·12-32, 22-16, 24-16, 26-16, 39-12·25, 44-22, 45-24, 52-28, 57-20

外間政明　94-2

《ま》

前大用裕　48-26

真栄城守定　29·30-19, 50-2

前泊徳正　73-27

真栄平房昭　40·41-28

真久田巧　49-6

真謝　剛　27-14

又吉栄喜　24-3

丸杉孝之助　53·54-31

三木　健　31·32-14, 39-17, 45-19

三島　格　77·78-42

嶺井政行　17·18-5, 35·36-8

宮川耕次　20-19, 63-15, 73-25

宮城悦二郎　65-19
宮城篤正　4-5, 6·7-7, 6·7-13
宮里実雄　62-9
武藤美也子　19-13
村吉政松　85·86-18
望月雅彦　72-6, 76-16, 79-21, 84-6, 91·92-9
森　一義　26-1
森口　豁　31·32-33

《や》

山岡英世　46·47-18
山下文武　26-11, 46·47-27
山城正夫　9-2, 31·32-2
山入端一博　27-15
弓削政己　46·47-25
吉田佳代　69-5

《ら》

ランダール、ウィリアム・T（ランドール、W・T）　72-13, 75-21, 89·90-7, 93-16

《わ》

若井康彦　29·30-2
湧川紀子　28-2

解説執筆者紹介

高良倉吉（たから・くらよし）

一九四七年　沖縄生まれ

現　在　琉球大学名誉教授

著　書

『琉球の時代』（筑摩書房、一九八〇年、文庫版二〇一二年）

『琉球王国の構造』（吉川弘文館、一九八七年）

『琉球王国史の課題』（ひるぎ社、一九八九年）

『琉球王国』（岩波書店、一九九三年）

『アジアのなかの琉球王国』（吉川弘文館、一九九八年）

『琉球王国史の探求』（榕樹書林、二〇一一年）

『地域《ちいき》と文化《ぶんか》』解説・総目次・索引

２０１７年７月25日　第１刷発行

定価（本体１、０００円＋税）

ISBN 978-4-8350-8056-7

解　説　高良倉吉

発行者　小林淳子

発行所　不二出版　株式会社

東京都文京区向丘１－２－12

電　話　０３（３８１２）４４３３

ＦＡＸ　０３（３８１２）４４６４

振　替　００１６０－２－９４０８４

組版・印刷・製本／昴印刷